Like PuzzLe Like Chinese

汉字是拼出来的

小象汉字　著绘

浙江文艺出版社
Zhejiang Literature & Art Publishing House

果麦文化　出品

序

斑马和班马

一个夏天的晚上，路灯变绿后，我牵着我家小女儿（小安）的手过马路。她当时两岁半，我告诉她，地上白色的线叫斑马线。

"这些线像斑马身上的条纹。"我向她解释。

"斑马线、斑马线……"她边走边重复道。

我和她走过斑马线，走上了人行道。我的心思还在斑马线上，我当时在想"斑"这个字。

小安还太小，我还没法和她说更多的汉字知识。如果当时她姐姐小美在的话，我就会借机和小美说一下为什么"斑马"的"斑"是这个"斑"。小美肯定又要说："哎咦——又来了！"

"斑"字在早期特指玉上的斑点，表示玉不纯。

斑左右的两个"王"（珏）并不是王，而是玉。那它怎么产生出"斑点"的意思呢？是因为中间的"文"。

"文"的甲骨文 是一个胸前刺着花纹的人的形象，这是古人文身的写照。从这个意思，

"文"字又引申出"花纹、纹理"的意思。

两个"王"（珏）和"文"，组合在一起，就表示玉上的花纹，也就是玉的斑点。

想完了"斑"，我又接着想到了另一个"班"字。

"班"从"玉"（珏）从"刀"，最初表示"用刀把玉分开"的意思。"班"中间的那部分是"刀"字的变形。

班

李白在《送友人》中有一句："浮云游子意，落日故人情。挥手自兹去，萧萧班马鸣。"这里的班马，不是斑马，不是说和友人骑着斑马互相道别。这里的"班"用的是它的"分开"的本义。这一句表达的是，两人骑的马在要分开的时候萧萧长鸣，不忍分离，更何况人呢。

从"分开"之义，人们把根据学习的需要分编成的一个个单位也叫作班，"班级""一年级二班"这些词语就是这样来的。又把一天内工作的那一段时间也叫班，比如"上班""加班"。

就这样，边走边想，我带着小安走进了小区大门。

刚进家门，听到声响，小美从房间里跑出来，大声问："爸爸，酸奶买了吗？给我买什么零食了？"

"拼"出来的汉字家族

小美现在四年级了。这些年我总是和她说汉字的由来，有时候她都不想听了。她也会了不少成语，经常用一些成语来回应我："爸爸，你这是自说自话、自言自语、自以为是。"可是，还有很多字，我总是忍不住会向她说。

我是想让她能对汉字建立起一套认知体系来。

前面提到的"斑"和"班"，其实是由"玉""文"和"刀"这三个独体字组合而成。
独体字是指不能再拆分的字，比如：日、月、人、木……
而可以拆分的字叫合体字，比如：明、休、泪、鸣……
笼统说来，独体字大多是象形字、指事字，合体字大多是会意字、形声字。

在汉字的整个体系中，独体字所占的比例还不到 5%，绝大多数的字是合体字。但是，独体字却非常重要，它们是基础字，是汉字的字根。

孩子们学习汉字时，可以先从基础汉字，也就是字根开始学起。有了字根基础，孩子们就可以像拼搭积木一样，拼出更多的新字来。

这样，一能达到事半功倍的学字效果，二能从体系上掌握汉字。学习汉字，不再是零敲碎打，单个生硬记忆，而是可以触类旁通，举一反三。

比如用"犬"这个字根来拼字：

"犬＋人"，拼出"伏"，就像一只狗趴卧在一个人的身后，准备袭击他；

"犬＋口"，拼出"吠"，就像一只狗张大嘴巴吠叫；

"犬＋黑"，拼出"默"，就像黑暗中，一只狗不出声地突然袭击人；

"犬＋口＋自"，拼出"嗅"，就像一只狗在用它的大鼻子分辨气味。

这些由"犬"组成的一系列字都属于"犬字家族"，它们都和"犬"有意义上的联系。

汉字中，有很多很多这样的"汉字家族"。

根据汉字有体系的这个特点，我们在《汉字是画出来的》的基础上，创作了她的姊妹篇《汉字是拼出来的》。

希望孩子们通过阅读这本书，能从中发现造字的规律，体会到汉字的魅力！

小象汉字　刘良鹏

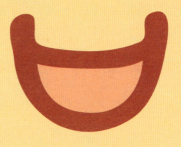

听，森林里好多叫声

chirp

左边是口，右边是鸟。

用口和鸟来表示鸟的鸣叫，这就是"鸣"字。

   鸣

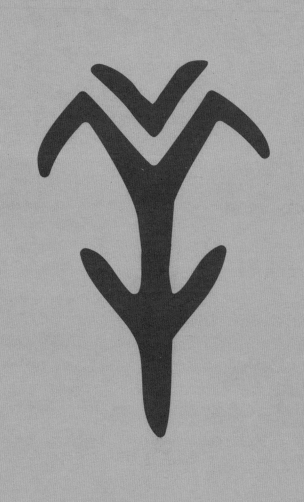

baa

下面是羊，上面表示羊叫时呼出的气息。这是一只正在咩咩叫的羊。

后来，经过演变，上面表气息的部分变成了"口"，写在羊字的左边，这就是"咩"字。

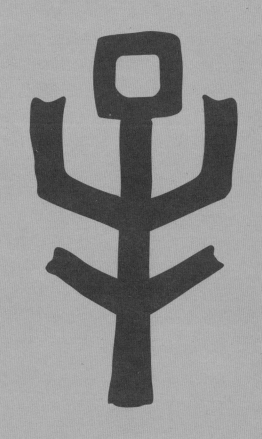

moo

"哞"本来写成"牟"。"牟"的甲骨文上面是口，下面是牛，表示牛叫。
后来"牟"被借为谋取或姓氏的专用义，人们又另造了"哞"字表示牛的叫声。

bluff

左边是口，右边是虎。老虎在大声咆哮，好吓人。

这是吓唬的"唬"字。

唬　唬　唬　唬

blow

左边是口，右边是一个人，他正张着大嘴用力呼气。

这就是"吹"字。

采些果子，捡些木头

plum

上面是一棵李子树（木），下面是表示婴儿的"子"。

apricot

上边是木，下边是口，表示木上的果实可以食用。
这就是"杏"字。

古　古　尚　杏

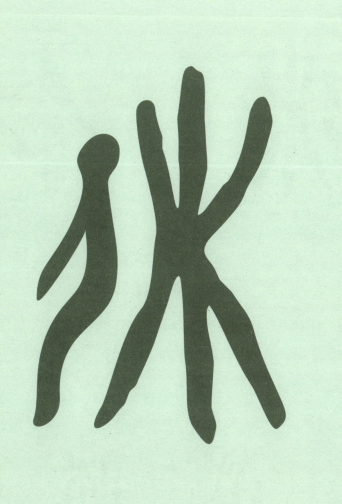

rest

一个人背靠着大树（木）在休息。

这是休息的"休"字。

休　　狀　　㣉　　休

stuck

"困"字，是一棵树（木）被框包围起来了。

bind

用绳子把树枝（木）捆缚住，这就是"束"字。

   束

·刀字族·

把果子切切好

knife

"刀"字像一把短柄的刀。

儿 乇 刃 刀

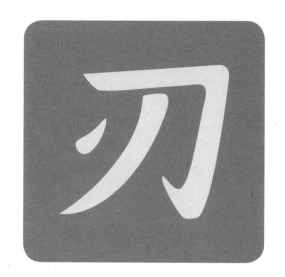

blade

在刀口上加上一点，指出刀刃的所在之处。

这就是"刃"字。

divide

一把刀把一个东西分成两半，这就是"分"字。

beginning

左边是一件衣服，右边是一把刀，表示将要开始对衣服进行剪裁。

这就是"初"字，意思是开始、起初。

剑 剑 剑 初

cut

"切"字，由"七"和"刀"组成，指用刀来分东西的动作。

"七"也表声音。

十　　七　　切　　切

哎呀，森林里起火了

flame

两个"火"叠加在一起，表示火势很大，火焰向上升腾。
这就是"炎"字。

炋　灻　炎　炎

roast

上面是肉，下面是火，用火烤肉。

这就是"炙"（zhì）字。

disaster

"宀"指房屋，"火"烧了房屋，就是"灾"。

ash

"灰"字上面是手，下面是火。

火燃尽后，能用手碰的剩余物就是"灰"。

charcoal

上面是山，中间是山崖，下面是火。
表示在山崖下伐木烧成炭。

lamb

一只小羊，下头有一团火焰，表示用火烤羊。
因为烤小羊肉更为美味，所以"羔"指的是小羊。

还好一阵疾雨把火浇灭

birds

这是一只短尾巴的鸟。

含有"隹"（zhuī）的字大多和鸟类有关。

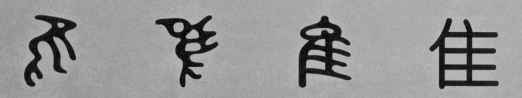

sparrow

由"小"和"隹"组成，表示很小的鸟。

burnt

上面是一只鸟，下面是火，用火烤鸟，烤焦了的意思。

焦

quickly

雨突然下起来，鸟儿扇动翅膀疾飞，
发出"呼啦呼啦"的声音就是"霍"，形容动作迅速。

gather

"集"字像三只鸟停在树上的样子。

古人用三表示多的含义，所以这个字表示有很多鸟聚集在一起。

collect

一只鸟被罗网捕住了，这就是"羅"字，现简化为"罗"。

piece

一只手抓着一只鸟，这就是"隻"字，现在简化为"只"。

pair

一只手抓着两只鸟，古人用这个形象表示"两个、一对"。

这就是"雙"字，现在简化为"双"。

  双

豕字族

猎人们开始追逐野猪

pig

这是一头猪，从中能看出短腿、圆肚和短尾巴。

后来，"豕"成了偏旁，人们另造了一个"豬"字来代替，"豬"字简化后写为"猪"。

chase

一头猪在前面跑，一个人（以人的一只脚表示）在后面追赶，这便是"逐"。

home

古时候，猪是家养的主要牲畜。
所以用房子里面圈养着一头猪的形象，表示"家"。

piggy

豚本来是指肉嘟嘟的小猪。小猪的肉可口好吃。

左边是切好的肉，右边是猪。

夯 戓 昜 豚

boar

本义是野猪，字形像一头野猪被箭射中的样子。

这就是"彘"（zhì）字。"彘"字现今已不常用。

·犬字族·

狗狗们也来帮忙

ambush

一只狗趴卧在一个人的身后，准备袭击他。

伏

suddenly

由"穴"和"犬"组成，表示一条狗从洞穴中猛地冲出来，
后来引申为突然的意思。

utensil

象征各种容器的四个口，中间有一只犬在看守，这就是器物的"器"。

smell

在古代，嗅和臭通用。臭就像一只狗在用它的大鼻子分辨气味。后来臭变成了气味难闻的意思；于是人们给臭加了口字旁，另造"嗅"来表示用鼻子辨别气味的意思。

silent

黑暗中，一只狗不出声地突然袭击人。

SO

"然"字的下方是火，左边代表肉，右边代表犬。"然"的本义是烧烤狗肉，后来本义逐渐消失，人们又用"火"加"然"新造了"燃"字，表示燃烧。

dog

左边的"犭"表示"狗"，右边的"句"（gōu）表示字音。
这就是"狗"字。

wolf

这是一种似犬的野兽，旁边是表示字音的"良"。

这就是"狼"字。

beast

左边是狩猎武器——石弹，右边是猎犬，表示带着猎犬和武器，埋伏狩猎。

它的繁体字是"獸"，简化后变为"兽"字。

漂亮的姜姓女子，就要嫁人了

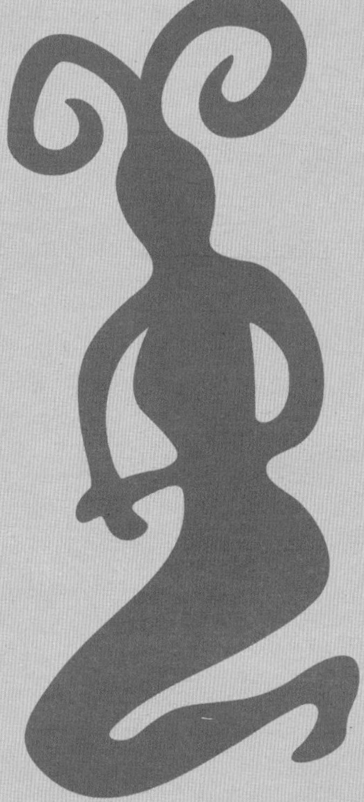

surname Jiang

"姜"是母系氏族社会里，以羊为图腾的部落的姓。

wife

"妻"字像是一个长头发的女人，有只手在帮她梳理头发。
古时候女人将头发扎起来表示已结婚。

safe

房子里跪坐着一个女人，她的手放在身前，这是安全的"安"字。

marry

女子与人结婚成家就是"嫁"。

married woman

左边是一把扫帚，右边是一个女人，表示她正在扫地做家务。
这是"婦"字，后来简化为"妇"。

surname

"姓"由代表生的小草和一个女人组成，本来指女人所生的。在母系氏族社会，每个部落都有自己的姓，有共同的女性祖先。所以古老的姓大多是女字旁的，如姜、姚等。

不久之后，她会有小宝宝吗

breast-feed

一个妈妈抱着孩子，正在喂奶的样子，便是"乳"字。

grandson

左边是表示儿子的"子",右边是指连在一起的丝,表示"继承""连接"的意思。所以"孙"的意思就是"儿子的儿子"。"孙"后来简化为"孙"。

character

上面是屋顶，下面是一个孩子，这就是"字"字，它的本义是生孩子，后来引申为名字、汉字、文字等意思。

learn

本义是学校，孩子练习写字算数的场所。

金文在房子里加了个"子"，表明教的对象。这就是"学"字。

teach

左边表示孩子在学习数字（交叉的形状，代表学习数字的算筹），
右边是一个人手拿着木棍。这是一个教与学的场景。

太阳公公的一天真忙呀

early

上面是日，下面是草，太阳从草地上升起来就是"早"字。

bright

太阳上升到了树顶，这是一天中最明亮的时候。

这是"杲"（gǎo）字。

dizzy

环绕太阳四周的模糊光晕。"军"表发音。
后来引申为头晕、昏迷的意思。

somber

上面是木，下面是日，太阳落到了树下，表示天色昏暗。这是"杳"（yǎo）字。
后来引申为深远、渺茫的意思，如杳无音信。

dusk

上面是树根，下面是日，表示太阳落到了树根之下，光线变得昏暗，
此时进入傍晚时分。这就是"昏"字。

twilight

甲骨文"暮"字为"日"在四"草"中央，表示太阳落到草丛中，天色渐黑。

before

甲骨文中"昔"的"共"字头写作 ，表示汹涌的洪水。
下面的"日"表示时间。"昔"就是发生过大洪水的远古时代。

spring

太阳很温暖，种子从土里面长出来，这个季节是"春"。

月亮婆婆露出脸儿微笑

sunrise

左边表示太阳从草中升起来，右边是"月"。

太阳已经升起来了，而月亮还没落尽，表示清晨的那段时间。

   朝

bud

马上要长出来见到光明的小嫩芽，就是"萌"。

alliance

古代结盟时，需歃（shà）血献祭，向神明发誓。

所以"盟"字中有一个"皿"，"明"在这里表示读音。

gaze

一个人站在土堆上睁大眼睛向远处眺望，金文加"月"字，表示眺望月亮。
这就是"望"字。

night

"夜" 字由 "亦" （一个人的两臂下各加一点指示符号，
表示人的两腋）和代表晚上的月亮组成。"亦" 在这里表示读音。

日升月落，时间过得真快

between

从门的缝隙中看到月亮，本来表示空隙，后来引申出时间的意思。"间"一开始是由"门"和"月"组成，后来经过演变，"月"字错写成了"日"，就变成了今天的"间"。

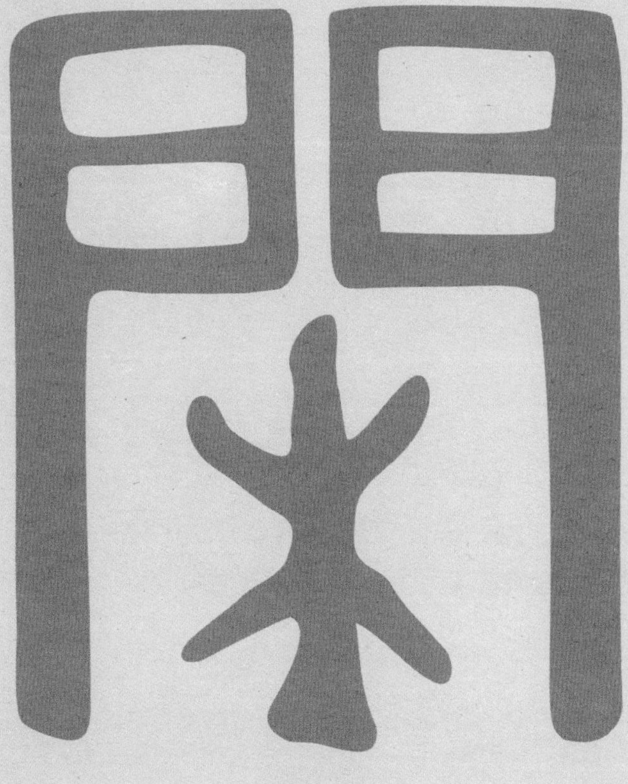
閑

idle

"门"中有"木"，本来表示门栅栏。
门栅栏的中间有空隙，从而引申出"空闲"的意思。

ask

一个"门"加一个"口"，就是"问"字。
像一个人在门前询问："有人在吗？"

問 咎 問 问

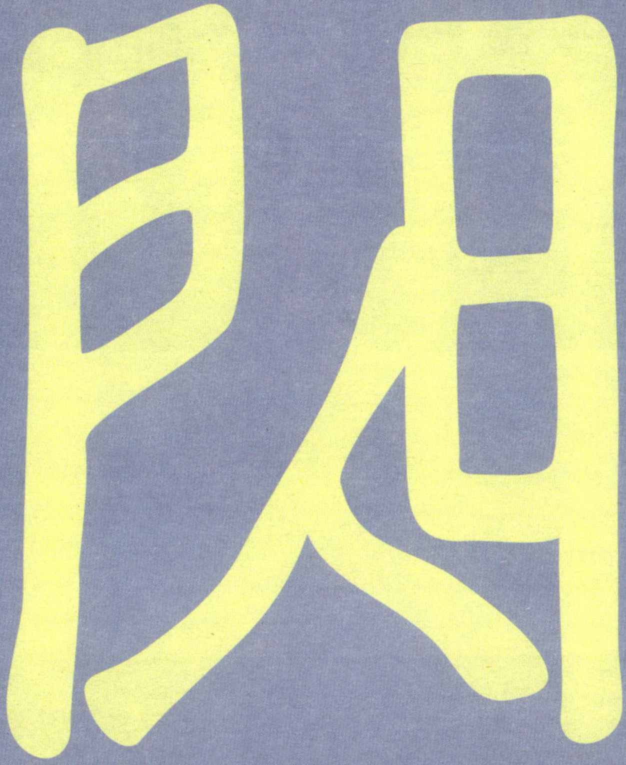

dodge

这是一扇门，有一个人从门内一"闪"而过。

stuffy

把心关起来，就是"闷"。

hear

一个人把手放在耳朵边，好像听见了什么声音。

这就是"闻"字。它本来的意思是听见，后来又引申出用鼻子嗅的意思。

snib

把门关牢的木棍就是"闩"。

·禾字族·

到了收割稻谷的季节了

autumn

甲骨文像虫下加火，表示烧杀蝗虫之意。古代，收割完庄稼后，人们往往在田间就地焚烧禾草，烧杀蝗虫。后来字形演变成了"秋"，表示庄稼成熟了，像火一样红。

paddy

将收获后的稻谷放进器皿中的形象。
"稻"的禾字旁表示它是禾类植物。

fragrance

上面是禾谷，下面是一个器皿。

表示用新收获的禾谷做成的米饭发出了香味。这是香味的"香"字。

   香

hold

一只手握着一株禾谷，准备收割，这就是"秉"字，
拿着、掌握的意思。

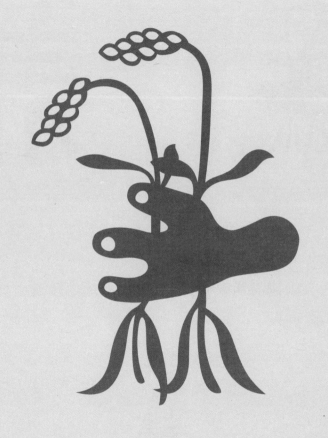

double

一只手同时抓住两株禾谷，表明同时拥有，这就是"兼"。

兼 兼 兼

sharp

左边是禾谷，右边是刀，挥刀收割禾谷，这就是"利"，引申为锋利的意思。

利　利　利　利

excellent

上面是一株稻子，下面的"乃"通"奶"，表示禾谷抽穗、开花灌浆。
引申为优秀的意思，这就是"秀"字。

year

这是一个背着禾谷的人，表示庄稼成熟，有了收获。
古代谷物通常一年一熟，于是用这个形象来表示一年。

快看，大片大片金黄的稻谷

look

一只手搭在眼睛上向远处看，上面是手，下面是表示眼睛的"目"。

这是"看"字。

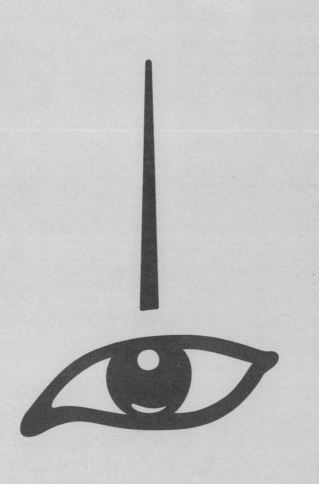

straight

上面是一条竖线，下面是一只眼睛，好像在看这条线直不直。

这就是"直"字。

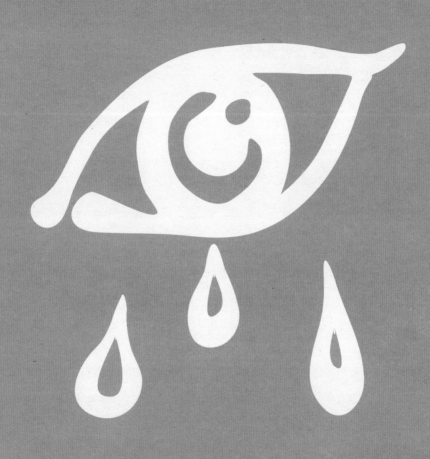

tear

眼里流出泪水，这是"泪"字。

face

这是一张脸，脸的轮廓内部画了一只眼睛（目）。

这是"面"字，面就是脸。

head

这是一个人的头部，突出了头发和眼睛。

这是"首"字，首就是头。

煮盆香喷喷的白米饭来尝尝

blood

像血滴入器皿的形象。

这样的场景经常在古代祭祀或结盟仪式中出现。

basin

"盆"字上面是表示读音的"分"，下面是一个敞口器皿。

steal

这是一个正盯着器皿里的东西流口水的人。

羡慕别人的东西，就产生了想要把它偷盗过来的念头。这就是"盗"字。

warm

一个人在日光下洗澡，周围弥漫着温热的水蒸气。

这就是"温"字。

wash

"盥"（guàn）像在器皿中洗手的样子。

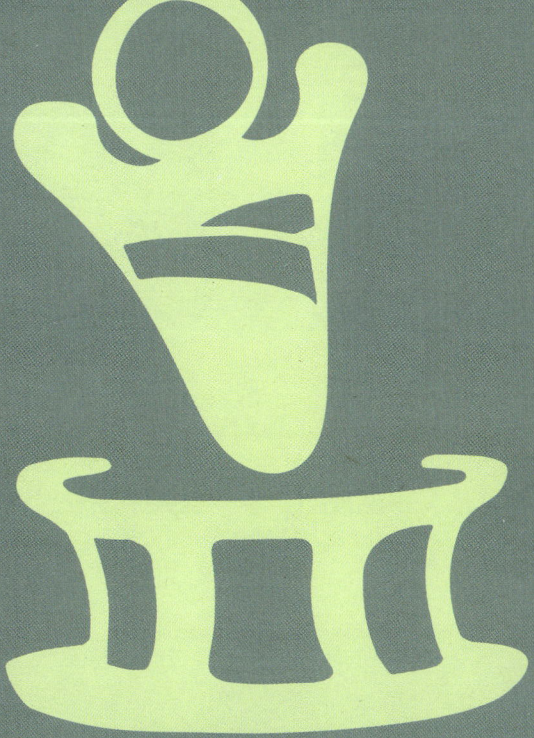

surname Meng

上面是子，下面是皿，表示给孩子洗澡之意。
"孟"指兄弟姐妹中，年纪最长的一个。后多用作姓氏。

supervise

一个人睁大眼睛对着水盆（里自己的倒影）看，这就是"监"。

秋风真凉爽

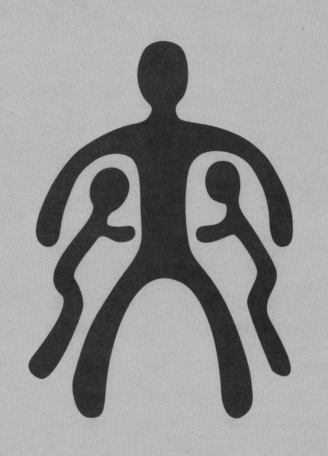

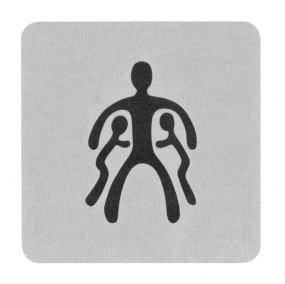 

clamp

两旁的两个小人搀扶着中间的一个大人，便是"夹"字。
后来搀扶的本义逐渐消失，引申为"从两旁钳住"的意思。

refreshed

人的腋下各有两团火，表示明亮。
后来引申为明朗、精神舒畅的意思。

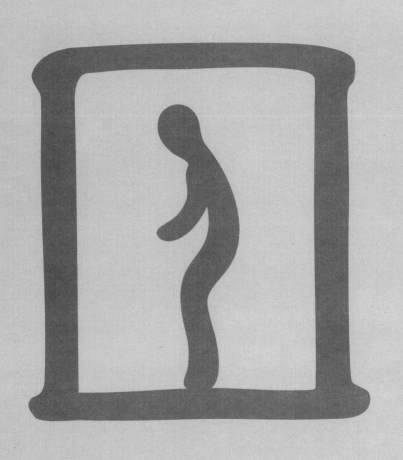

imprison

一个人被关在牢房里，便是"囚"字。

protect

一个大人把婴儿背在背上，这是保护的"保"字。

保　保　保　保

lodge

一个房子，里面有个人躺在席子上睡觉。

这是住宿的"宿"字。

   宿

bath

上面是人，人身上有水，下面是盆（器皿），人在盆中洗澡的意思。

   浴

expect

这是一个踮起脚尖的人，好像在企盼着什么事情。

fight

两个人在搏斗，双方都想揪住对方的头发。
这就是"鬥"字。后来这个字简化成了"斗"。

又是一年好丰收

valuables

"财"字，由左边代表金钱的"贝"，以及右边代表才能的"才"组成。
拥有的金钱和才能都是自己的财富。

财　　　财

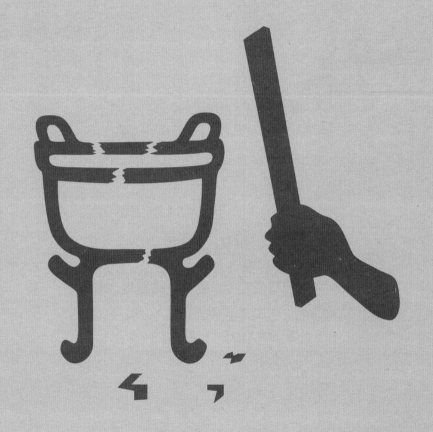

fail

一只手拿着棍棒击打宝贵的鼎，这就是"败"字。

它本来的意思是毁坏。

昴 毁 財 败

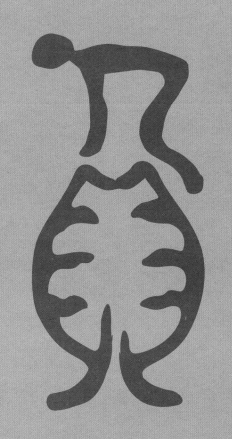

burden

"负"字上面是人,下面是贝(货币),
表示人有了钱财,生活就有了依靠。

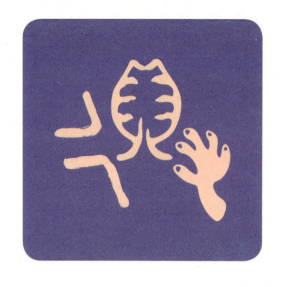

get

一个人走在路上，拾到了贝（钱财等珍贵的东西），这就是"得"字。

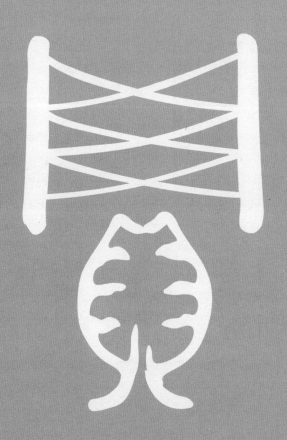

buy

繁体字是"買"，后简化为"买"。上面是网，下面是贝，表示买东西就像用网捕捞贝壳一样。古代曾用贝作为货币，所以与钱相关的字里大多有"贝"，如贵、赔等。

sell

繁体字是"賣"，后简化为"卖"。上面是用眼睛（目）察看的意思，下面是表示钱币的"贝"。表示把货物展示给人看，用来卖钱的意思。

   卖

The End

听，森林里好多叫声

鸣 咩 哞 唬 吠

采些果子，捡些木头

李 杏 休 困 束

把果子切切好

刀 刃 分 初 切

哎呀，森林里起火了

炎 炙 灾 灰 炭 羔

还好一阵疾雨把火浇灭

隹 雀 焦 霍 集 罗 只 双

猎人们开始追逐野猪

豕 逐 家 豚 豗

狗狗们也来帮忙

伏 突 器 嗅 默 然 狗 狼 兽

漂亮的姜姓女子，就要嫁人了

姜 妻 安 嫁 妇 姓

不久之后，她会有小宝宝吗

乳 孙 字 学 教

太阳公公的一天真忙呀

早 呆 晕 杳 昏 暮 昔 春

月亮婆婆露出脸儿微笑

朝 萌 盟 望 夜

日升月落，时间过得真快

间 闲 问 闪 闷 闻 闩

到了收割稻谷的季节了

秋 稻 香 秉 兼 利 秀 年

快看，大片大片金黄的稻谷

看 直 泪 面 首

煮盆香喷喷的白米饭来尝尝

血 盆 盗 温 盥 盂 监

秋风真凉爽

夹 爽 囚 保 宿 浴 企 斗

又是一年好丰收

财 败 负 得 买 卖

原来，汉字真的可以拼出来！

甲骨文趣味识字，
将幼儿汉字启蒙植入日常生活。

扫一扫，玩同名小游戏

刘良鹏

"小象汉字"创始人，从事甲骨文研究及汉字教育产品研发十余年，小美的爸爸。

他说："在女儿小美大约 3 岁的时候，开始对甲骨文产生浓厚兴趣，在本子上写写画画。小美把自己画出来的甲骨文，做成了 8 本小书。"受此触动，刘良鹏专注于汉字启蒙教育，开始思考如何用画甲骨文的方式来教孩子识字。

2015 年，"小象汉字"成立。至今，已出品《甲骨文游戏字卡》《汉字是画出来的》《字课》《我的第一本汉字书》《汉字日历 2020》等。通过甲骨文，"小象汉字"不只是在教孩子们识字，更是帮助他们建立与世界之间的鲜活关系。

汉字是拼出来的

作者 _ 小象汉字

产品经理 _ 徐慧敏　　装帧设计 _ 谈天　　技术编辑 _ 白咏明

责任印制 _ 刘淼　　出品人 _ 吴畏

鸣谢（排名不分先后）

汉字叔叔（Richard Sears）　刘朋　阿咸　张媚

果麦

www.guomai.cn

以 微 小 的 力 量 推 动 文 明

图书在版编目(CIP)数据

汉字是拼出来的 / 小象汉字著绘. -- 杭州：浙江
文艺出版社，2020.1（2023.9重印）

ISBN 978-7-5339-5931-9

Ⅰ.①汉… Ⅱ.①小… Ⅲ.①识字课—学前教育—教
学参考资料 Ⅳ.①G613.2

中国版本图书馆CIP数据核字（2019）第280203号

责任编辑 罗　艺
书籍设计 谈　天

汉字是拼出来的
小象汉字　著绘

出版　浙江文艺出版社
地址　杭州市体育场路347号　邮编 310006
经销　浙江省新华书店集团有限公司
发行　果麦文化传媒股份有限公司
印刷　北京盛通印刷股份有限公司
开本　787mm×1092mm　1/24
字数　93 千字
印张　11
印数　89,401—94,400
插页　4
版次　2020年1月第1版　2023年9月第13次印刷
书号　ISBN 978-7-5339-5931-9
定价　68.00元